LES DEUX PRINCIPES

DANS L'AVESTA

La doctrine de l'Avesta repose tout entière sur la croyance à *deux principes* primordiaux, luttant à armes égales, l'un pour le bien, l'autre pour le mal.

Sans aborder le côté purement théorique de cette question, nous pouvons rappeler avec Diderot (*Encyclopédie,* article MANICHÉISME) que « ce qui a donné naissance au dogme des deux principes, c'est la difficulté d'expliquer l'origine du mal moral et du mal physique ». Bayle, dans son *Dictionnaire historique et critique,* à l'article MANICHÉENS, à l'article PAULICIENS et dans bien d'autres passages, expose, avec sa clarté merveilleuse et sa grande force de logique, les arguments qui militent en faveur du *dualisme.* Il est de fait qu'en dehors de l'expérience scientifique et désintéressée, pour laquelle la distinction de l'utile et du nuisible est purement relative, on ne peut repousser la conception des deux principes qu'à l'aide d'une croyance aveugle (1). Si le mal n'a pas toujours existé, il doit donc, non seulement être secon-

(1) Bayle, article MANICHÉENS, note. Amsterdam, édition de 1734, p. 92, seconde colonne. — Diderot, *Op. cit.,* édition Assézat, t. XVI, p. 63. — Boutteville, *La morale de l'Église et la morale naturelle,* première étude. Paris, 1866.

daire au bien, mais encore procéder du bien. C'est ce que la foi peut admettre, non point la raison.

Bayle, dans le premier des articles ci-dessus cités, met en présence Mélissus et Zoroastre lui-même, pour leur faire discuter cette question.

« Ils étaient tous deux païens, dit-il, et grands philosophes. Mélissus, qui ne reconnaissait qu'un principe, disait d'abord que son système s'accorde admirablement avec les idées de l'ordre ; l'être nécessaire n'est point borné ; il est donc infini et tout puissant ; il est donc unique ; et ce serait une chose monstrueuse et contradictoire, s'il n'avait pas de la bonté, et s'il n'avait pas le plus grand de tous les vices, savoir une malice essentielle. — Je vous avoue, répondrait Zoroastre, que vos idées sont bien suivies, et je veux bien vous avouer qu'à cet égard vos hypothèses surpassent les miennes ; je renonce à une objection dont je me pourrais prévaloir, qui serait de dire que l'infini devant comprendre tout ce qu'il y a de réalité, et la malice n'étant pas moins un être réel que la bonté, l'univers demande qu'il y ait des êtres méchants et des êtres bons ; et que, comme la souveraine bonté et la souveraine malice ne peuvent pas subsister dans un seul sujet, il a fallu nécessairement qu'il y eût dans la nature des choses un être essentiellement bon et un autre essentiellement mauvais ; je renonce, dis-je, à cette objection ; je vous donne l'avantage d'être plus conforme que moi aux notions de l'ordre. Mais expliquez-moi un peu, par votre hypothèse, d'où vient que l'homme est méchant, et si sujet à la douleur et au chagrin. Je vous défie de trouver dans vos principes la raison de ce phénomène, comme je la trouve dans les miens ; je regagne donc l'avantage : vous me surpassez dans la beauté des idées et dans les raisons *à priori ;* et je vous surpasse dans l'explication des phénomènes et dans les raisons *à posteriori.* Et puisque le principal caractère d'un bon système est d'être capable de donner raison des expériences, et que la seule incapacité de les expliquer est une preuve qu'une hypothèse n'est point bonne, quelque belle qu'elle paraisse d'ailleurs, demeurez d'accord que je frappe au but en admettant deux principes, et que vous n'y frappez point, vous, qui n'en admettez qu'un.

« Nous voici sans doute au nœud de toute l'affaire. C'est ici la grande occasion pour Mélissus, *hic Rhodus, hic saltus. Res ad triarios rediit. Nunc animis opus Ænea, nunc pectore firmo.* Continuons de faire parler Zoroastre.

« Si l'homme est l'ouvrage d'un seul principe souverainement bon, souverainement saint, souverainement puissant, peut-il être exposé aux maladies, au froid, au chaud, à la faim, à la soif, à la douleur, au chagrin ? Peut-il avoir tant de mauvaises inclinations ? Peut-il commettre tant de crimes ? La souveraine sainteté peut-elle produire une créature criminelle ? La souveraine bonté peut-elle produire une créature malheureuse ? La souveraine puissance, jointe à une bonté infinie, ne comblera-t-elle pas de biens son ouvrage, et n'éloignera-t-elle point tout ce qui pourrait l'offenser ou le chagriner ? Si Mélissus consulte les notions de l'ordre, il répondra que l'homme n'était point méchant lorsque Dieu le fit. Il dira que l'homme reçut de Dieu un état heureux, mais que, n'ayant point suivi les lumières de la conscience qui, selon l'intention de son auteur, le devaient conduire par le chemin de la vertu, il est devenu méchant, et qu'il a mérité que Dieu, souverainement juste, autant que souverainement bon, lui fît sentir les effets de sa colère. Ce n'est donc point Dieu qui est la cause du mal moral, mais il est la cause du mal physique, c'est-à-dire de la punition du mal moral, punition qui, bien loin d'être incompatible avec le principe souverainement bon, émane nécessairement de l'un de ses attributs, je veux dire de sa justice, qui ne lui est pas moins essentielle que la bonté. Cette réponse, la plus raisonnable que Mélissus puisse faire, est au fond belle et solide ; mais elle peut être combattue par des raisons qui ont quelque chose de plus spécieux et de plus éblouissant, car Zoroastre ne manquerait pas de représenter que, si l'homme était l'ouvrage d'un principe infiniment bon et saint, il aurait été créé, non seulement sans aucun mal actuel, mais aussi sans aucune inclination au mal, puisque cette inclination est un défaut qui ne peut avoir pour cause un tel principe. Il reste donc que l'on dise que l'homme, sortant des mains de son créateur, avait seulement la force de se déterminer de lui-même au mal, et que, s'y étant déterminé, il est seul la cause du crime qu'il a commis et du mal moral qui s'est introduit dans l'univers. Mais : 1º nous n'avons aucune idée distincte qui puisse nous faire comprendre qu'un être qui n'existe point par lui-même, agisse pourtant par lui-même. Zoroastre dira donc que le libre arbitre donné à l'homme n'est point capable de se donner une détermination actuelle, puisqu'il existe incessamment et totalement par l'action de Dieu. 2º Il fera cette question : Dieu a-t-il prévu que l'homme se servirait mal de son franc arbitre?

Si l'on répond que oui, il répliquera qu'il ne paraît point possible qu'aucune chose prévoie ce qui dépend uniquement d'une cause indéterminée. Mais je veux bien vous accorder, dira-t-il, que Dieu a prévu le péché de sa créature, et j'en conclus qu'il l'eût empêchée de pécher ; car les idées de l'ordre ne souffrent pas qu'une cause infiniment bonne et sainte, qui peut empêcher l'introduction du mal moral, ne l'empêche pas, lors surtout qu'en la permettant, elle se verra obligée d'accabler de peines son propre ouvrage. Si Dieu n'a point prévu la chute de l'homme, il a du moins jugé qu'elle était possible ; puis donc que, au cas qu'elle arrivât, il se voyait obligé de renoncer à sa bonté paternelle, pour rendre ses enfants très-misérables, en exerçant sur eux la qualité d'un juge sévère, il aurait déterminé l'homme au bien moral, comme il l'a déterminé au bien physique ; il n'aurait laissé dans l'âme de l'homme aucune force pour se porter au péché, non plus qu'il n'y en a laissé aucune pour se porter au malheur en tant que malheur. Voilà à quoi nous conduisent les idées claires et distinctes de l'ordre, quand nous suivons pied à pied ce que doit faire un principe infiniment bon. Car si une bonté, aussi bornée que celle des pères, exige nécessairement qu'ils préviennent autant qu'il leur est possible le mauvais usage que leurs enfants pourraient faire des biens qu'ils leur donnent, à plus forte raison une bonté infinie et toute-puissante préviendra-t-elle les mauvais effets de ses présents. Au lieu de donner le franc arbitre, elle déterminera au bien ses créatures ; ou, si elle leur donne le franc arbitre, elle veillera toujours efficacement pour empêcher qu'elles ne pèchent.

« Je crois bien que Mélissus ne demeurerait point court ; mais tout ce qu'il pourrait répondre serait combattu tout aussitôt par des raisons aussi plausibles que les siennes, et ainsi la dispute ne serait jamais terminée.

« S'il recourait à la voie de la retorsion, il embarrasserait beaucoup Zoroastre. Mais, en lui accordant une fois ses deux principes, il lui laisserait un chemin fort large pour arriver au dénoûment de l'origine du mal. Zoroastre remonterait au temps du chaos : c'est un état, à l'égard de ses deux principes, fort semblable à celui que Thomas Hobbes appelle l'état de nature, et qu'il suppose avoir précédé l'établissement des sociétés. Dans cet état de nature, l'homme était un loup à l'homme ; tout était au premier occupant ; personne n'était maître de rien qu'en cas qu'il fût le plus fort. Pour sortir de cet abîme, chacun convint de quitter ses droits sur tout, afin qu'on lui cédât la propriété de quelque chose ; on fit des transactions ; la guerre cessa. Les deux principes, las du chaos, où chacun confondait et bouleversait ce que l'autre voulait faire, convinrent de s'accorder. Chacun céda quelque chose ; chacun eut sa part à la production de l'homme et aux lois de l'union de l'âme. Le bon principe obtint celles qui procurent à l'homme mille plaisirs, et consentit à celles qui exposent l'homme à mille douleurs ; et s'il consentit que le bien moral fût infiniment plus petit dans le genre humain que le mal moral, il se dédommagea sur quelque autre espèce de créatures, où le vice serait d'autant moindre que la vertu. Si plusieurs hommes, dans cette vie, ont plus de misère que de bonheur, on récompense cela sous un autre état : ce qu'ils n'ont point sous la forme humaine, ils le retrouvent sous une autre forme. Au moyen de cet accord, le chaos se débrouilla ; le chaos, dis-je, principe passif, qui était le champ de bataille des deux principes actifs. Les poètes ont représenté le débrouillement sous l'image d'une querelle terminée. Voilà ce que Zoroastre pourrait alléguer, se glorifiant de ne pas attribuer au bon principe d'avoir produit de son plein gré un ouvrage qui doit être si méchant et si misérable, mais seulement après avoir éprouvé qu'il ne pouvait faire mieux, ni s'opposer mieux aux desseins horribles du mauvais principe ».

Nous n'avons rapporté ce long passage de Bayle que pour indiquer, d'après un philosophe autorisé et parfaitement compétent, les traits essentiels de la doctrine du dualisme. Nous n'avons ni à l'incriminer, ni à la justifier. Il nous suffit de démontrer qu'elle constituait, ainsi que nous l'avons dit un peu plus haut, le fond même de l'enseignement mazdéen.

Dans son remarquable écrit sur le commencement du Bundehèche (1), Joseph Müller a clairement exposé que, dans la littérature éranienne du moyen âge, il n'était nullement question d'un principe unique supérieur aux deux principes opposés, Ahura Mazdâ et Anra mainyu, Ormuzd et Ahriman. Ces deux principes, le bon et le mauvais, Anquetil Duperron avait cherché à les soumettre à un principe supérieur, le temps sans limite, le *zrvâna akarana*, dont nous parlerons plus loin, au moment opportun. Si l'Avesta a contenu cet enseignement, au moins il ne l'a pas légué aux livres religieux et cosmogoniques qui ont été rédigés dans la période suivante.

____

(1) *Untersuchungen über den anfang des Bundehesch.*

D'après Anquetil, les premiers mots du Bundehèche signi-
fieraient que « l'être a d'abord été donné à Ormuzd et
Ahriman ». Il n'en est rien. Le texte dit simplement que,
d'après l'explication des livres saints, *il est d'abord
question de la création d'Ormuzd et de celle d'Ahriman,*
c'est-à-dire de la double création qu'ils ont opérée (1). Le
reste est à l'avenant.

Nous n'avons pas à nous occuper des croyances qui ont
pu s'introduire dans telle ou telle secte mazdéenne après
l'époque du Bundehèche, mais nous devons reconnaître
avec Joseph Müller, et avec tout interprétateur compétent
du livre cosmogonique en question, qu'il n'y est fait
aucune allusion à un premier et unique principe. De ce
silence complet, nous tirerons la conséquence légitime,
évidente, que l'Avesta n'enseignait pas davantage ce pré-
tendu principe premier et unique. Cet enseignement eût
formé le fond même de sa doctrine, et le Bundehèche
n'aurait pas manqué à le mentionner, à l'exposer d'une
façon très-explicite.

Les anciens auteurs grecs, qui ont parlé de la coexis-
tence de deux principes chez les Perses, n'ont jamais
laissé entendre qu'ils dérivassent d'un principe unique
supérieur ou lui fussent soumis. Plutarque, qui vivait à
la fin du premier siècle de notre ère et qui s'informait
avec tant de soin des choses dont il avait à traiter,
n'avait pas le moindre soupçon de ce principe soi-disant
unique. Il ne parle que d'Ahura Mazdâ et d'Aṅra mainyu :
« C'est l'avis et opinion de la plupart et des plus sages

(1) Joseph Müller, *ibid*, p. 617. — Justi, *Der Bundehesch*, p. 1.
Leipzig, 1868.

anciens, car les uns estiment qu'il y ait deux dieux de métiers contraires, l'un auteur de tous biens et l'autre de tous maux ; les autres appellent l'un Dieu, qui produit les biens, et l'autre Démon, comme fait Zoroastre le magicien, que l'on dit avoir été cinq cents ans devant le temps de la guerre de Troie. Cestui donc appelait le bon Dieu Oromazes et l'autre Arimanius, et d'avantage il disait que l'un ressemblait à la lumière plus qu'à autre chose quelconque sensible, et l'autre aux ténèbres et à l'ignorance..... et enseigna de sacrifier à l'un pour lui demander toutes bonnes choses et l'en remercier..... ». (Traité d'*Isis et Osiris*, version d'Amyot.)

Nous lisons dans le *Proemium* de Diogène Laërce :

« Ægyptiis vero antiquiores esse Magos Aristoteles « auctor est in primo de philosophia libro, duoque « secundum illos esse principia, bonum dæmonem et « malum : alterum ex his Jovem et Oromasdem, alterum « Plutonem et Arimanium dici. Quod Hermippus quoque « in primo de Magis ait atque Eudoxus in Periodo et « Theopompus Philippicorum libro octavo ». (Traduction Cobet, édit. Didot, p. 2.) — Aristote vivait trois cent cinquante ans avant notre ère ; Théopompe, un peu plus jeune, était son contemporain.

Il est bien évident que l'existence d'un principe supérieur, et qui aurait constitué le fondement même de la doctrine mazdéenne, n'aurait pu lui échapper.

En fait, aucun passage du texte même de l'Avesta n'autorise à admettre cette supposition. Aucune ligne de ce même texte ne peut justifier cette assertion de Haug, que l'idée maîtresse de la théologie mazdéenne était le monothéisme, et que son principe spéculatif était le

dualisme : « The leading idea of his theology was Mono-
« theism, i. e. that there are not many gods, but only
« one, and the principle of his speculative philosophy
« Dualism, i. e. the supposition of two primeval causes
« of the real world and of the intellectual, while his
« moral philosophy was moving in the Triad of thought,
« word and deed (1) ». Ainsi que l'a fait très-justement
observer M. Alb. Weber (2), cette distinction subtile de la
théologie pratique et de la philosophie spéculative est
contraire à tout l'enseignement de l'Avesta.

Il ne suffit pas d'affirmer, comme le fait M. Hübs-
chmann (3), qu'un chapitre du Yaçna, la première partie
du Gâthâ ustvaiti, expose clairement l'idée monothéiste ;
il faudrait auparavant donner une interprétation acceptable de tous les Gâthâs et de celui-là en particulier, ce
qui est loin d'être fait ; il faudrait de plus ne pas négliger, pour un fragment complètement obscur, tout ce que
le reste de l'Avesta contient d'évident et de parfaitement
intelligible.

Ce n'est pas sans étonnement que, dans la préface du
second volume de son ouvrage sur l'antiquité éranienne (4),
nous avons vu M. Spiegel abandonner ses vues anciennes
et admettre qu'un *fort* monothéisme précéda le dualisme :
« Richtiger scheint es mir vielmehr dass ein kräftiger
« monotheismus dem dualismus vorausging ». Il est
regrettable que M. Spiegel n'ait pas cru devoir joindre à

____

(1) *Essays on the sacred language, writings and religion of the
Parsees,* p. 255. Bombay, 1862.
(2) *Indische streifen,* t. II, p. 466. Berlin, 1869.
(3) *Ein zarathustrisches lied,* p. 6. Munich, 1872.
(4) *Erânische alterthumskunde,* t. II, p. VI. Leipzig, 1873.

cette nouvelle opinion l'exposé des preuves sur laquelle
il la fait reposer. M. Kossowicz s'est expliqué au moins
d'une façon plus explicite dans la préface de son troisième
volume des Gâthâs (1) :

« Et quidem dualismi, nisi boni et mali distinctionem,
« quæ ipsi rationi humanæ est innata, pro dualismo
« accipias, in gâtis nulla fere vestigia invenio, quum in
« cæteris Sendavestæ libris duo contraria perpetuoque
« inter se pugnantia principia evidentissime ac persæpe
« invicem sibi opponuntur, idque certamen et poste-
« riorem Iranici cultus periodum obtinet. Documentum
« est etiam tam celebris inter orientales gentes diaboli
« Iranici denominationis qui Anrô mainyus sendice sonat,
« absolutissima fere in omnibus gâtis absentia.

« Opinionem hanc impugnandi debitum valorem præ
« se ferre videri potest totum carmen XXX, ubi bonum et
« malum, sub manifestissima duorum geniorum specie,
« invicem sibi opponuntur ; sed valor argumenti mox
« evanescit, si modo attendes hic minime de deo et
« diabolo pugnantibus inter se agi, vatemque nisi duas
« humanæ naturæ facultates et conditiones separatim sub,
« duorum geniorum specie exhibere voluisse ; hæcque
« opinio sequentis (XXXI), inter cetera, carminis, quod
« hujus brevioris explanationem exhibet, argumento
« atque tenore certissime mihi probari videtur, ubi
« Deum, in rerum natura, tum boni, tum mali, exse-
« quendi facultatem, sublimiori humanæ dignitati pro-
« movendæ, liberum scil. arbitrium, hominibus posuisse
« expressim edicitur (9-12).

(1) *Saratustricæ gâtæ posteriores tres.* Pétersbourg, 1871.

« Deum saratustrica gâtarum religio agnoscit unum,
« huncque universi procreati auctorem, creatoremque
« rerum naturæ, atque in hac mentis benignæ, incolu-
« mitatis, quæ eadem est æquabilitas atque justitia, nec-
« non divina potestas, quæ omnes rebus augendis et con-
« servandis, quum nunquam a summo numine sejun-
« gantur, præsunt ».

On voit que la théorie de M. Kossowicz ne repose, en
fait, sur aucun passage précis et déterminé ; elle paraît
se dégager de l'ensemble des Gâthâs, et nous attendons
toujours, après les tentatives de Haug, de M. Spiegel,
de M. Kossowicz lui-même et de plusieurs autres auteurs,
une version véritablement acceptable de ces mêmes
Gâthâs. Ici encore, nous le répétons, on est en présence
de morceaux parfaitement obscurs, et c'est passer les
bornes d'une critique prudente que de négliger, en leur
faveur, toute la partie de l'Avesta qui se laisse entendre
sans difficulté. Nous allons même plus loin, et pensons
avec M. Spiegel que l'enseignement des Gâthâs est abso-
lument le même que celui du reste de l'Avesta (1) :
« Nach meiner überzeugung stehen alle theile des Avesta
« hinsichtlich der lehre auf der gleichen stufe, auch die
« Gâthâs nicht ausgenommen ».

Nous nous en tenons en somme à l'ancienne opinion
de M. Spiegel, dont voici les paroles : « La religion de
l'Avesta appartient sans contredit aux religions les plus
conséquentes et les plus réfléchies de toute l'antiquité.
Nous y voyons un dualisme rigoureux *(ein strenger dualismus)*, une distinction entre la lumière et les ténèbres,

_____
(1) *Op. cit.*, t. II, p. VIII.

entre le bon et le mauvais. Tout ce qui s'y trouve doit se ramener à l'un de ces deux principes, et ce dualisme est parfait jusque dans les moindres détails (1) ». Plus loin encore, dans le même volume : « Un système de dualisme [y] est parachevé jusque dans les moindres détails ; l'opposition entre le bon et le mauvais, la lumière et les ténèbres, Ormuzd et Ahriman. Au commencement, ces deux principes ont un égal pouvoir (2) ». Cette égalité de puissance ne résulte pas seulement de toutes les données de l'Avesta sur la création ; elle ressort également de tout ce qu'enseigne le livre du Bundehèche. Dans ce dernier, nous voyons Ahura Mazdâ si convaincu lui-même qu'Ahriman lutte contre lui à pouvoir égal, qu'il se préoccupe avant tout d'obtenir un armistice de neuf mille années (3), dont le profit doit lui revenir tout entier. Nous constaterons plus loin, en traitant de la double création d'Ahura Mazdâ et d'Aṅra mainyu, que la puissance primordiale de ces deux divinités est parfaite, et que si l'un d'eux doit succomber dans la lutte, rien, au moins, ne laisse préjuger qu'il a jamais été créé. Il ne s'agit point de prêter à l'Avesta des conceptions qu'il n'a formulées nulle part ; il faut le prendre tel qu'il est, tel que l'ont connu les auteurs anciens.

Il importe, d'ailleurs, de s'expliquer sur ce mot de monothéisme, qui s'est introduit un peu plus haut dans le cours de notre exposé.

(1) *Erân. Das land zwischen dem Indus und Tigris*, p. 166. Berlin, 1863.

(2) *Diese beiden principien stehen sich anfangs gleichberechtigt gegenüber ;* op. cit., p. 360.

(3) Chapitre Ier du *Bundehèche*, édition Justi, p. 2 seq,

En admettant, ce qui n'est point, que le principe du bien et du bon, Ahura Mazdâ, soit le dieu suprême, faut-il accepter également que la religion de l'Avesta professe le monothéisme ? Ou les mots n'ont plus de sens, ou celui de monothéisme signifie adoration d'un seul et unique dieu. Or, partout dans l'Avesta, aussi bien dans les Gâthâs que dans tout le reste du texte, la pluralité des dieux est enseignée à chaque page. Non seulement Ahura Mazdâ est dieu, mais Mithra est dieu, mais Çraoṣa est dieu, mais bien d'autres également sont dieux. Zeus, chez les Grecs, était [le dieu suprême ; et, comme le dit Hésiode, ἀθανάτων βασιλεύς, πατὴρ ἀνδρῶν τε θεῶν τε. Jovis, chez les Romains, était le dieu suprême : *rexque paterque deum, dominus cœli divumque pater.* Mais ni Zeus, ni Jovis n'étaient des dieux uniques ; à leurs côtés l'olympe hellénique, l'olympe latin, comptent une foule de véritables divinités plus ou moins secondaires. Ce cas est également celui de l'Avesta. Aux côtés d'Ahura Mazdâ se pressent une légion de divinités bienfaisantes ; aux côtés d'Aṅra mainyu, une légion de divinités malfaisantes. Ces deux groupes de divinités constituent le système du dualisme qui est simplement enté sur un polythéisme très-caractérisé et très-caractéristique. La μοῖρα des Grecs, le *fatum* latin, le destin en un mot, n'a pour ainsi dire qu'une personnalité très-effacée à côté de celle des dieux véritables, et, dans l'Avesta, cette personnalité existe à peine, ou même n'existe point du tout. Le mot zend *bakhta* n'a même pas, comme représentant très-exact, celui de « destin ». A proprement parler, il veut dire « ce qui est donné en partage, en lot » ; c'est l'équivalent du participe sanskrit *bhakta*, qui, entre autres sens, a celui de « attribué, obtenu en partage ». Il entre dans des composés, tel que *baghôbakhta* « donné en lot par les dieux ». Nous le trouvons à deux reprises au cinquième chapitre du Vendidad, versets 29 et 34, et dans ces deux passages, ou plutôt dans ce même passage répété deux fois, il semble un peu téméraire de le traduire par le mot « destin ». C'est là, d'ailleurs, un point secondaire, et qui ne se lie qu'indirectement à ce que nous avons dit ci-dessus.

Pour conclure, nous devons répéter qu'il n'y a dans l'Avesta aucune trace de monothéisme ; que le polythéisme, au contraire, y est très-développé ; que le système dualiste s'accorde parfaitement avec la pluralité des dieux, et que si l'un des deux principes, celui du mal, doit un jour succomber devant l'autre, tous deux au moins sont égaux, et quant à leur origine, et quant à leur puissance.

A. HOVELACQUE.